Filles et garçons de la page 22,
ce livre est pour vous !
A.-S. de M.

Aux mariés de Pinsonnac
Christine

Un album de la collection *les petits m*

www.elanvert.fr
Dépôt légal mars 2008,
Bibliothèque nationale.
978-2-84455-109-2
Loi n°49-956 du 16 juillet 1949
sur les publications destinées à la jeunesse.
Imprimé en Italie par Parpergraf (Padova)

La fête au village

Une histoire racontée par Anne-Sophie de Monsabert
et illustrée par Christine Destours
d'après un conte italien

l'élan vert

Tout en haut, sur la montagne,
vivaient un paysan et sa femme.
Tout en bas, dans la vallée,
se préparait une fête au village :
un mariage !
Les paysans étaient invités, alors
ils enfilèrent leurs habits du dimanche.

D'un coup, la femme se rappela les bêtes !
Ils ne pouvaient pas les laisser seules !
D'ailleurs, les animaux aussi méritent
de s'amuser, comme tout le monde...
Les paysans décidèrent de les emmener
avec eux. À la fête. Au village.

Ils brossèrent la queue du coq,
nouèrent un foulard autour du cou
de la vache, fixèrent des fleurs
aux cornes de la chèvre
et des barrettes aux bouclettes
du mouton. Le cochon eut droit
à un petit bonnet tout rond,
le dindon à un galon...

Comme ils allaient partir,
on entendit : « Hi-han ! Hi-han ! »
C'était l'âne, oublié dans l'étable,
qui voulait lui aussi assister
au mariage.

Vite ! on l'apprêta, et allez va !
toute la troupe, chantant,
caquetant, bêlant, grognant,
glougloutant, meuglant,
prit le chemin du village.

Sur la grand-place,
c'était déjà la fête, avec
de la musique, des ballons
et des odeurs de caramel.
« Qu'il est beau, notre pays ! »
pensaient les paysans.

Sur la grand-place,
les villageois, eux,
se mirent à rire :
« Regardez ce coq !
ce cochon ! cet âne !
Ah ! qu'ils sont beaux,
nos animaux dans
la montagne ! »

glouglouglou !
cocorico !
meuh meuh !
hi-haaan !

Les bêtes, rayonnantes
et fières, s'empressèrent
de saluer leurs admirateurs :

cot cot codeeec !

Dans le village, on entendit alors un autre «cocorico» et, juste après, quelques poules qui s'égosillaient. Puis une vache meugla, un cochon grogna, trois ânes fatigués répondirent à celui de la montagne. Eh oui, car c'est ainsi que les animaux deviennent amis !

grin/link!
cot!
cot!
cot!
cotcot!
coin coin!

Quand les jeunes mariés
sortirent de l'église, entourés
de leurs familles et des voisins,
le concert était grandiose
à l'extérieur. Le village tout entier
résonnait de cris, d'appels
et de chants.

Les enfants,
formant une ronde,
se joignirent aux animaux :
Antoine fit le coq, Lison la poule, Augustin le cochon, Raphaëlle le mouton, Colin la chèvre, Félicien le dindon et Marguerite, prenant son souffle, l'âne.
C'était un merveilleux vacarme que cette chorale en folie...

glou glou !
mêh mêh !

Dans l'église, monsieur le curé fit signe
aux sonneurs de se mettre au travail :
le mariage était terminé. Les sonneurs
agrippèrent les cordes et tirèrent de toutes
leurs forces.
Et allez donc ! voici les cloches :
« Ding ding ding ! » « Ding dong ding ! »
« Dong dong ! Dong dong ! »

Toute la journée, on chanta dans les rues : les poules et les moutons, les cochons et les chiens, les chats et les petits veaux… Certains auraient même entendu les mouches et les abeilles bourdonner à l'unisson.

La nuit venue, le paysan, sa femme et la troupe des animaux reprirent le chemin de leur montagne. Ils marchaient à petits pas, pour laisser le calme retomber sur le village.

Mais juste avant le dernier tournant, l'âne leva très haut la tête et il lança un dernier « hi-haaaaan ! » qui résonna dans le ciel étoilé, jusqu'à la lune et au-delà.

Ah, ce fut une belle fête que cette fête-là !

hi-haan!